RAINBOW | 117
수선화 차임벨처럼 울리다

김연옥 시집

수선화
차임벨처럼
울리다

김연옥

초판 발행 2024년 12월 15일
지은이 김연옥
펴낸이 안창현 **펴낸곳** 코드미디어
북 디자인 Micky Ahn
교정 교열 민혜정
등록 2001년 3월 7일
등록번호 제 25100-2001-5호
주소 서울시 은평구 갈현로 318-1 1층
전화 02-6326-1402 **팩스** 02-388-1302
전자우편 codmedia@codmedia.com

ISBN 979-11-93355-25-1 03810

정가 12,000원

이 책의 판권은 지은이와 코드미디어에 있습니다.
잘못 만들어진 책은 교환해드립니다.

수선화 차임벨처럼 울리다 | 김연옥 시집

김연옥 ——————————————— **詩人**의 **말**

빛의 문을 열며

문학에 대한 사랑과 열정은 돌고 돌아서
적막을 헤쳐 나가는 한 줄기 빛이었습니다
빛을 따라 세상으로 나가는 일은
무척이나 두렵습니다.
삶의 모퉁이에서 오랫동안 서성이다가
첫 시집을 내도록 격려와 아낌없는 성원을 해 주신
김태호 교수님과 새롭게 비상할 수 있는 기회를
마련해 주신 지연희 교수님께 감사드립니다.
나의 든든한 지원군인 남편과 두 딸에게도
기쁨을 함께 나누고 싶습니다
이 모든 것을 베푸신 하느님께 감사드립니다

2024년 12월
김연옥

차례　　　　　　　　　　시인의 말 · 4

1부　　하얀 꽃등 불 밝히며

나팔꽃 _14

낡은 의자 _15

시인의 길 _16

겨울, 고드름 _18

겨울 바다 _19

설강화 _20

하얀 목련은 피는데 _21

추석에 _22

운무에 쌓인 청풍호수 _24

달빛 흐르는 예송원 _26

가을 편지 _27

금빛 사슴 _28

기억 속의 너 _30

바람은 무슨 말을 독도에 두고 갔을까 _31

2부   느티나무

느티나무 _36

천 년의 고목 주목나무 _37

통곡의 나무 초록으로 물들다 _38

달빛이 호수를 품다 _40

어둠의 계절 _42

귀뚜라미 소리 그리고 _44

사과를 먹으며 _46

상사화 _48

참새 한 마리에 고개 흔드는 _50

당신의 그늘 _52

숲속에서 들려오는 12월의 종소리 _53

겨울 바다에서 쓰는 편지 _54

남산타워 _55

별빛의 노래 _56

차례

3부 할머니와 홍시

할머니와 홍시 _60

오이도 _61

덕수궁을 돌아보며 _62

성혈의 땅 새남터 성지 _64

풍경 소리 _65

석촌호수 _66

눈 내리는 봉은사 _68

대관령 하늘목장 _70

용산 철길 건널목에서 _71

강릉 안목해변 _72

에버랜드 하늘 매화길 _74

알펜시아 겨울 눈꽃 _75

맨드라미 정원 _76

겨울과 봄 _77

4부   아버지의 나무 지게

아버지의 나무 지게 _80

레테의 강을 건너가신 아버지 _81

아버지의 낡은 구두 _82

달팽이의 꿈 _84

봉선화꽃 추억 _85

매화꽃 _86

포시즌가든에 닿기까지 _87

신유빈 탁구 신동 _88

우산 _90

초승달 _91

속리산 _92

안부를 묻는다 _93

세상을 흔드는 코로나19 _94

그 누구도 모른다 _95

차례

5부   수선화 차임벨처럼 울리다

수선화 차임벨처럼 울리다 _98

가을 _100

벼랑 끝에서 꽃이 피다 _101

자화상 _102

어두운 방 안에도 봄은 오는가 _104

안개는 그리움을 안고 _105

동백꽃은 피었는데 _106

불청객 _108

도라지꽃을 닮은 소녀 _109

매혹적인 남천 나무 _110

눈 위에 핀 동백 _111

있을 수 없는 일 _112

담쟁이 넝쿨 _114

능소화 _116

수선화 차임벨처럼 울리다

긴 고뇌의 겨울이 떠난 자리
어김없이 봄은 돌아오고

다가오고 사라지는 모든 것들이
생의 무늬였을까

-「운무에 쌓인 청풍호수」 중에서

1부

하얀 꽃등
불 밝히며

나팔꽃

산새 울음소리
밤 뜨락에 하얀 꽃등 하나 불을 밝힙니다
꽃봉오리 속 숨겨둔 그 마음
하얀 미소로 나를 부르셨나요
적막한 밤하늘
달빛 아래 피어나는 천사의 나팔꽃
기나긴 여름 피고 지는 꽃을 향한 내 그리움이
그대 남기고 간 발자국마다 그림자로 따라와
어둠 속에서도
하얀 꽃등 불 밝힙니다

낡은 의자

나와의 은밀한 동거는
십오 년이 지난 시간 속
모든 순간의 너였다
먼지가 쌓이고
삶이 녹아 있는 흔적

어느 고풍스러운 카페
한구석의 의자처럼
오래된 너라서 좋았다
너와 함께 시의 날개를 펼치며
희망으로 가는 길에 앉아 있다

너와 함께 세상을 품고
유혹의 발길을 멈추게 하고
낡은 의자에 앉은 채
유리창에 비친 너와 나
서로를 바라보며 빛으로 물들어 간다

시인의 길

시의 날개를 달고
고뇌의 강물을 안고
시인의 길을 걷는다

언덕길을 오르며
작은 풀꽃들의 향기
숲속에서 들려오는
청아한 새들의 노랫소리

가파른 산길을 오를 때면
천 리 먼 길을 가는
나그네처럼
고통의 길이 펼쳐진다

어둠에서 빛을 찾고
희망을 그리는 세계
너와 내가 가야 할 길

시의 날개를 달고

세상의 한 모퉁이
햇살 가득한 겨울나무 위에서
찬란한 봄을 기다리고 있다

겨울, 고드름

초가지붕 처마를 타고
내려온 고드름 길게 늘여
반짝이는 커튼이 된다

굴뚝 위에 연기 오를 때
뾰족한 고드름 따서 먹던
어린 날의 빛바랜 기억

거꾸로 매달려
제 몸 녹이며
눈물을 흘리기도 하지만

지금은 찾아보기 힘든 정경
고드름 맺힌
처마 끝 바라보며
추억에 젖는다

겨울 바다

드넓게 펼쳐진 서해바다
짙은 안개 속에 해가 기울고
차가운 바람을 안고 서 있다

쓸쓸함, 그리고 적막

하얀 파도가 부서지는 바다
수평선 넘어가는 해를 보며
성호를 긋는다

바다는 알아들었는지
엷은 미소를 짓는다

설강화

새벽 동이 틀 무렵
붉게 번지는 구름 사이로
솟아오르는 태양

인생의 황혼, 꽃이 피어나
푸른 용처럼
힘차게 날갯짓하는 너

길고 어두운 터널 끝에서
한 줄기 빛으로 내려앉는
숙명의 기다림

너를 찾아 떠나던
푸른 길목의 날들 사이
젖은 발자국 환해지고

눈 덮인 산 언덕길
벌거벗은 나무들 사이
너는 눈 속에 피는 설강화

하얀 목련은 피는데

이파리 하나 없는 목련 나무
하늘과 나무 사이에
하얀 꽃등이 피어나

한 송이 꽃으로 떠오르는
엄마의 고운 얼굴

늦은 후회
"엄마는 그래도 되는 줄 알았습니다."
시를 읽으며
내 안의 슬픔과 어리석음을 꺼내고

꽃피는 꿈의 계절에
꽃 지는 슬픔을 새기며

목련꽃 그늘 아래서
묵주 들고 기도한다

추석에

벼 이삭 고개 숙인 황금 들녘
그리운 내 고향
햇살도 정겹다

사랑하는 가족들
옹기종기 둘러앉아 이야기꽃 피우던
유년의 추억들, 어느새
큰 나무로 자라 내 마음
한구석에 깊은 그늘 드리운다

귀 기울일수록 쌓여가는 적막
잃어버린 시간이 아쉬워하며
물들어가는 단풍잎 사이로
달빛이 흐르는 밤

보름달은
흑백사진 속 부모님 얼굴을
옛일처럼 되돌리고

지붕 위로 숨는다

안갯속 기억
먼 훗날
추억의 잎으로 피어나리라

운무에 쌓인 청풍호수

수려한 자연을 품은
금수산 자락
동틀 무렵의 청풍호수

새벽을 여는 새소리에
물안개 피어오른다

긴 고뇌의 겨울이 떠난 자리
어김없이 봄은 돌아오고

다가오고 사라지는 모든 것들이
생의 무늬였을까

금수산은 살며시
소확행으로 다가와
긴 겨울 밀어낸다

시루떡처럼 괴인
기암괴석

우뚝 솟은 구담봉 바라보며

호수는 말없이 그림을 그려

조용한 몸짓으로

푸르름을 더하며 힘찬 날갯짓을 한다

달빛 흐르는 예송원

달빛 흐르는 예송원
새벽은 밝아오고

차디찬 바람 속에도
홍매화는 봄을 데리고 피었다

4대째 이어온 축복의 땅 위에
황혼빛이 머문 자리

사람과 자연이 어우러진 무릉도원
사계절 예쁜 꽃들이 피어난다

백송 나뭇가지 위엔
고요를 깨트리는 새들의 노랫소리

그대가 있기에
이 땅 한 모퉁이 행복이 피어나네

가을 편지

오래전의 추억
빨간 자전거를 탄 우체부 아저씨
우편 배낭 속에 사연 가득 싣고
나뭇잎 흩날리는 길을 달린다

오늘 오려나
내일 오려나
그대의 마음 담긴 편지 한 통

사랑앓이 출렁거리던
젊은 날의 초상
하얀 억새같이 흔들린다

오늘도 스쳐 가는
아련한 자전거 바퀴 소리
쌩하니 바람에 밀려가고

그 시절 되돌릴 수 있다면
그날같이 두근거림으로
그대의 가을 편지를 읽으리

금빛 사슴

끝없이 펼쳐지는 에버랜드
포시즌 가든에 서 있는 너
적막에 갇힌 땅에서
외로움이 자랐나

슬픔이 깊게 배인
너의 슬픈 눈망울은
날 아프게 하고
낯선 길목을 헤매게 하는구나

어디로 가야 하나
허공만 바라보는 너
마법에 걸린 슬픈 운명처럼
몰래 흘린 눈물의 조각들이
빛이 되어 일어선다

새들도 날개 펴 창공을 날아오르는데
먼 산등성이 지나

드넓은 벌판 뛰어놀며
사각사각 서리꽃 밟던 너

긴 겨울 지나
어디론가 가고 싶은 것이다
한겨울 지나면 새봄이 오듯
금빛 사슴 너에게도 또, 다시 봄은 올 것이니
부디 슬픈 눈빛을 거두어다오

기억 속의 너

흰 눈이 쏟아져 내리는 거리를 걷는다
나뭇잎 떨구고 앙상해진 가로수
슬픈 바람이 일렁인다

너 없는 빈 하루
지나온 발자국마다
피어나는 그리움

허공에 그린 하얀 얼굴
필름처럼 돌아가며
사랑으로 이어질까 궁금하다

짧았던 인연
이별은 또 다른 약속일까
너의 기억 희미해지고
아무도 없는 길 위에 하얀 발자국만 남긴다

바람은 무슨 말을 독도에 두고 갔을까

독도여 입을 열어라 깊은 바다 그 속에서
이사부를 만나야겠다 동쪽 바다 끝
아슬라주의 군주가 되어
지혜로 우산국을 거머쥔
신라 대장군의 늠름한 기상
병사들의 함성과 외침 소리
역사의 뒤안길로 사라지고
님들 속삭임 안개처럼 묻혀 있는 쪽빛 바다

하늘 가득 갈매기 떼 울음소리
옛 모습 찾을 수 없어도
웃으며 떠난 님의 숨결
망망대해 솟아 있는 두 봉우리
바위 언덕에 들꽃으로 피어난다
바닷새 힘찬 날갯짓과 파도의 출렁임도 멈추고
별빛 쏟아지는 여름 밤바다가 들려주는
찬기파랑가 소리에 마음 적시며
괭이갈매기 등을 타고 바다 위를 비상한다

꿈꾸는 것을 멈추지 않았던 이사부
그 영혼의 울림이 머릿속을 휘감는다

적막을 헤쳐가는 한 줄기 빛
세월의 거친 풍파 견디고
지켜온 천년 역사의 흔적
서도와 동도
찬란한 빛이 어두움을 비추고
봄, 여름 계절은 다시 돌아와
화사한 꽃들이 피어
그날의 안부를 묻는데
고요를 덧칠하는 달빛마저
스쳐 가는 바람처럼 다시 돌아오리라
푸른 물결이 펄럭이는 검푸른 바다로

섬나라 사람들아 이사부를 아느냐!
우리 선조들이 물려준 이 땅은 우리 땅이요
대한민국의 고유의 영토인 것을

사케 술에서 깨어나라

독도에 미쳐 날뛸 일들은 역사 속으로 사라졌다

그리고 그것은 잘못된 욕망

그릇된 환상의 덫이니라

욕심을 버려라 오늘도

신라의 속삭임 안개처럼 이는 쪽빛 바다에

천년의 바람이 불고 있다

햇살 머금고 양지바른 곳에서 자란
사과는 처녀 볼처럼 터질 듯 붉고

빨간 열정이 배어 있는
사과를 한입 베어 문 나는

-「사과를 먹으며」중에서

2부

느티나무

느티나무

고목이 된 느티나무 한 그루 서 있다
허리는 휘어지고 등은 하늘로 향하고 슬픔을 지닌 어미처럼 가슴속은
텅 비어 초록 이파리 바람에 일렁이고 있다
가진 것은 자식들에게 나누어주고
바람의 길인가 세월의 흔적인가
오래된 나무껍질에 핀 이끼들은 그 시간의 역사를
고스란히 주름으로 담고 있다
때로는 밀려오는 외로움에 긴 겨울밤 이불을 뒤집어쓰고
밤마다 울음을 토해낸다
아침이 밝아오면 대문을 열고
홀로 허공을 바라보며 기다림으로 서 있다
남쪽 하늘 바라보며 손 흔들다가 동쪽 하늘 바라보며
어디 하나 마음 둘 곳 없었다
햇살과 바람 끌어모아 한낮의 선잠 속에 빠져
바람만 불어도 흔들리는 마음
늙은 느티나무 한 그루 발을 끌며 서쪽으로 지나간다
부모님 모두 레테의 강을 건너고
후회의 거센 파도가 출렁거린다

천 년의 고목 주목나무

잡힐 듯한 구름
휘몰아치는 강풍에 날아
하늘 높이 태양에 닿는다

백두대간의 능선을 따라
살아서 천 년, 죽어서도 천 년
발왕산 천 년 주목 숲길을 걷는다

엄마의 품에 안긴 듯한
편안한 숲길 해발 1,458m 발왕산
아름다운 일출과 일몰을 품은 산

깊은 산속 홀로 피어난 숨은 꽃
사계절 다른 모습으로 찾아오고
여름 햇살에 눈이 부시다

인고의 세월을 견딘 천 년의 고목 앞에
한여름 바람이 들려주는 말
강인한 주목나무처럼 푸른 모습으로 살고 싶다

통곡의 나무 초록으로 물들다

저녁 무렵
분주한 발길로 아파트 들어서니
나무들이 고통스럽게 신음소리를 낸다

12월 나무줄기와 가지가
잘려나간 흔적들이 휑하다
새들이 노래하던 보금자리도 사라지고

추운 겨울 지나고
봄이 찾아오자
메마른 나무들 사이로
새잎이 돋아난다

뿌리에서 껍질을 뚫고 솟아오른 생명
나뭇가지에서 연초록 싹이 나오고
봄꽃들이 피어
새들이 날아와 즐거운 작은 음악회를 연다

가지치기는 나무의 건강을 위함이다

고른 성장을 위한 선택

햇살과 바람을 마시고

아픈 만큼 자라는 나무

찬란한 봄빛 아래 초록빛이 가득하다

달빛이 호수를 품다

북녘 바람 불어와 만나는 그곳
대청호숫가 숲속에는 새들도 아는 슬픈 전설이 있다
독불장군인 양 강력한 힘을 가진
붉은 기생충에 감염된 물고기 한 마리와
텅 빈 머리로 옷을 바꿔 입는 팔색조 한 쌍이
호숫가 물 밑 세상을 지배한다

그들은 두려움을 모른다

넓은 세상 돌아가는 일에 관심도 없고
자기 몸이 감염된 사실조차 모르고 살아간다
물고기들은 우거진 덤불 속 호수에 갇혀
작은 터전을 이루고 산다
캄캄한 물속에서 넘어지고 힘든 삶
마른 울음으로 물결을 일으킨다
저녁 달빛이 호수를 감싼다
물속에서 세상이 움직이는 원리와
자연과 더불어 살아가는 이치도 알았지만
감염된 물고기에서 검은 피가 흐른다

물속은 온통 검은색으로 변화가 시작되었다
신이 부르는 소리가 들린다
세찬 바람이 불어와 겨울비가 내리고
찬 공기와 빗물이 섞인다

앙상한 가지만 남은 나무들이 품고 있던 모든 것 비워낸다
달빛이 호수 위를 감싼다

어둠의 계절

로버트 번스의 빨간 장미* 사라진 후
어둠이 내려앉은 땅
당신 심장에 꽂힌 화살은 허공으로 푸드득
날갯짓하지만 미처 날지 못하고
우두커니 서 있는 한 마리 새였습니다
눈으로 바라만 보고 그 자리에 얼어붙었습니다
오늘만큼은 날아야 한다는 욕망으로
햇살 비치는 언덕에서 들꽃들의 향기에 취해
민들레 이파리 하나 삼켰습니다
온몸에 열이 나 밤새 뒤척이다가
공허 속에 마른 울음 삼키며
가슴에는 커다란 돌덩이 하나 생겼습니다
세월이 얼마나 흘렀을까
몇 달 몇 년이 지나도 얼어붙은 마음 풀리지 않고
미움, 증오에 시달리며
당신 마음을 두드릴 수 없다는 것을 깨닫고
슬픔, 분노를 다스렸습니다
이제 적막이 당신을 품고 떠나는 시간

새벽을 보며 창공을 날으는

한 마리 새가 되겠습니다

* 로버트 번스의 「내 사랑은 빨간 장미꽃」 중에서

귀뚜라미 소리 그리고

어제 오후부터
오른쪽 다리가 아프더니
새벽에 통증이 와
잠에서 깬다

바람이 차다
열어놓은 창문으로
풀벌레 소리가 들려온다

고요하다
한잔 가득 외로움을 채우고
시간은 멈춘 지 오래

멀리서 보이는 화려한 불빛들
하얗게 피어나는 낯선 유혹
나나 무스쿠리
사랑의 기쁨 속으로 스며든다

밤이 저물고

저만치서

반딧불이 날고 있다

사과를 먹으며

농장에서 가져온 사과 한 상자
그대 따뜻한 마음을 열었네

햇살 머금고 양지바른 곳에서 자란
사과는 처녀 볼처럼 터질 듯 붉고

빨간 열정이 배어 있는
사과를 한입 베어 문 나는

파아란 하늘을 올려다보며
감사 기도한다네

오늘도 창밖은 고요하지만 사과나무는
빈 몸으로 차가운 바람을 맞고 있겠지

사과꽃 하얗게 날리던 봄이 지나고
햇살 따가운 여름도 지나고

가지가 휘도록 열매를 달고 있는 엄마 나무
'똑똑' 사과 따는 소리에 얼마나 놀랐을까

사과 속살 베어 물고 귀뚜라미 귀뚤귀뚤
나는 하늘과 땅을 오르내리고 있네

상사화

활활 타오르는 도시를 벗어나
고풍스러운 향교 뜨락에 상사화 한 무리 피었습니다

시간의 발자국 따라
잎과 꽃이 서로 만날 수 없는 운명임을 알았습니다

잎이 있을 땐 꽃이 없고
꽃이 있을 땐 잎이 사라져 쓸쓸한 풍경에 눈물 흘렸습니다

기억의 빈자리
그대 이름을 부르려고 멈추어 서 있었습니다

꽃의 아름다운 자태에 놀라
벌과 나비가 찾지 않는 숨기고 싶은 사연 있었습니다

꽃대를 밀어 올려
피워내는 꽃은 우리들 삶의 마지막 사랑입니다

그대와 헤어져 있다고

사랑하지 않는다고 생각하지 않습니다

명치 끝에서 피는 꽃
마른 울음 삭이며 그대 앞에 가벼운 입맞춤을 해야겠습니다

참새 한 마리에 고개 흔드는

나는 나무가 아니고
이름만 나무인 풀입니다

나의 기록은 인도 마쿰 탄전에서 2500만 년 전
올리고세 시대 화석으로 발굴되었습니다

무쇠보다 단단한 둥치 위로 돋아난 잎새
샛바람에 물결치듯 쏴쏴 소리를 내며 지나갑니다

사계절 단벌옷으로 치장하고
속을 다 비우고 살아갑니다

백 년에 한 번 꽃 피우고
꽃이 핀 후에는 사각 묘에 안장합니다

불에 탈지라도 휘어지지 않고
대쪽 같은 절개를 이야기합니다

쭉쭉 뻗어 있는 굳센 기상에도

참새 한 마리에 고개 흔드는 나는 대나무입니다

당신의 그늘

당신의 날개 그늘 아래서
잠이 들었습니다
날개옷 입고 하늘을 날아서
당신께 향합니다

속삭이는 미풍과
들녘에 핀 풀꽃 속에서

언제나
다정하게 들려오는 목소리
당신 곁에 머물면
기도의 소리가 향기로 피어납니다

숲속에서 들려오는 12월의 종소리

알펜시아 산 그늘
적막이 드리운
대관령에
눈꽃이 날리던 날

빛바랜 세월에
일렁이는 부모님 사랑
잊힌 기억을 더듬으며
당신과 나 우두커니 창밖을 바라본다

귓전에 들려오는
아름다운 선율도
찻잔에 번지는 미소도
아랑곳하지 않는 알펜시아 숲속

차가운 겨울바람은
그리움의 너울을 벗어던지고
12월의 종소리를 풀어놓는다

겨울 바다에서 쓰는 편지

겨울 바다에서
목청껏
어머니를 부른다

오래오래 메아리치도록

분홍 찔레꽃 빛깔로
내 마음을 물들이며
세월이 겹칠수록
그때, 추억의 향기는 남았는데

파도야 들었느냐
가슴 저미는 목소리
슬픈
내 마음을

그대는 듣느냐
망각의 강이 갈라놓은 운명
겨울 바다, 끝없는 적막 속에서
울려 퍼지는 차가운 외침

남산타워

구름과 맞닿은 곳
사색의 향기 속에서
남산타워를 오른다

꽃잎 같은 낙엽을 밟다가
한눈에 내려다볼 수 있는
가장 높은 산 위에 섰다

시시각각 마법처럼 변하는
화려한 빛의 예술
어우러짐 속에서

사랑이라는
아름다운 별 가슴에 품고
사랑의 자물쇠 채우는 사람들

어스름이 파도처럼 밀려오자
노을 묻은 풍경이
산자락 흥건하게 풀어 놓았다

별빛의 노래

어둠 속의 정적에서
별빛이 시가 되는 시간

흘러간 옛 노래를 부르며
향수와 추억을 되새기는
TV 가요무대

애절함으로 물들이고
때론 카리스마가 넘치는 무대
흥겨움에 어깨춤을 추고

너와 내가 걸어온 길에는
노래와 함께하는
희로애락의 여정

가요무대는
영원한
중장년층 마음의 고향

내 안의 어린 나와 손잡고

별빛을 따라

아득히 먼 시절로 돌아가고 있다

조용히 흘러가는 강물이 텅 빈 내 가슴에 들어와
메마른 마음을 적시며 할머니 숨결을 전한다
어느 유행가 가사처럼 생각나는 홍시
울 할머니 생각이 난다

-「할머니와 홍시」중에서

3부

할머니와 홍시

할머니와 홍시

감나무 가지에 묵상의 그늘이 흘러내린다
까치는 가지에 달린 홍시를 분주하게 쪼아먹고
자유롭게 날아서 어디론가 가버린다
붉디붉은 연시를 항아리 속에 넣고
추운 겨울이면 하나씩 다디단 홍시를 꺼내 먹는다
지난날 할머니가 항아리를 열어 꺼내주시던
고향의 향기가 피어나 추억의 들판을 들락거린다
조용히 흘러가는 강물이 텅 빈 내 가슴에 들어와
메마른 마음을 적시며 할머니 숨결을 전하고 있다
어느 유행가 가사처럼 생각나는 홍시
울 할머니 생각이 난다
올가을에도 그 감나무에는 주렁주렁
붉은 감이 다투어 열리겠지

오이도

지친 일상에서 벗어나
느티나무 가로수길 따라 서해바다로 간다
탁 트인 바다와 부서지는 파도 소리
시원한 바람에 답답하던 마음이 열린다
섬 모양이 까마귀와 닮았다며 붙인 이름
오이도烏耳島
푸름 깃든 잿빛의 바다
수평선 위로 자유로이 노니는 갈매기들
옛 시인의 산책길 지나
생명의 나무, 빨간 등대
덧없는 생각에 마음을 빼앗기고
허기가 진다
횟집 앉아 조갯살 입에 넣으며 바다를 삼킨다
파도 소리 들려오고
저녁노을이 곱게 타오르는 시간
내 마음 물속에 잠겨 바다 위를 거닌다
저 멀리 비추이는 송도 신도시
아름다운 불빛이 밤을 수놓으며
또 하나의 추억을 쌓는다

덕수궁을 돌아보며

하얗게 내린 눈 밟고
덕수궁 돌담길 돌아
소나무 숲길 지나면
고종 가배차* 마시던 덕수궁 정관헌

별이 된 황후를 향한 절절한 사랑
가슴속에 맺힌 슬픔
사막 길 걷는다

대한 제국은 역사 속으로 묻히고
쇠사슬로도 묶을 수 없는
하늘이 허락한 황제의 사랑
천국에서 고운 날개 달고 환생하였으리

가배 향기가 솔바람 타고 날아와
영혼의 숨결로 속삭인다

초록빛 햇살을 머금은
어느 고풍스러운 카페에 앉아

커피잔 속에서 사색을 띠고

어느 결에 우리 삶에 깊숙이 다가온
황제의 삶과 사랑
고궁 앞뜰에 안개처럼 피어오른다

---
* '커피'의 음역어.

성혈의 땅 새남터 성지

드넓은 백사장 붉은 피로 물들었습니다
측백나무 울타리로 둘러싸인 길
인고의 세월 스치며 샛바람이 지나갑니다
성혈의 땅 새남터는
한국 최초의 김대건 신부와 사제, 신자들
목숨을 잃어가면서 신앙을 지켜내고
수많은 사람들이 울음을 토해냈습니다
순교자들은 순명으로 받아들이고 천상으로 떠났습니다
밤새워 흘린 슬픔의 눈물이 하늘에 닿았을까?
'새남터'의 억새와 나무가 의미하는 시적 단어는
아름다운 이름에 어울리지 않게 역사의 먼지가 되어 쌓여있습니다
오늘도 붉은 피로 얼룩진 성혈의 땅에는
건물을 에워싸고 있는 십자가의 길이 나 있으며
방문자의 기도 소리는 도시 마을을 덮고 있습니다
고요를 몰고 오는 햇살마저 숨죽이고
돌아보는 발자국마다 고여 드는 장미꽃 향기는
어둠을 헤쳐가는 한 줄기 희망의 빛으로 남았습니다.

풍경 소리

고즈넉한 산사
처마 끝
땡그랑땡그랑
퍼져 나는 풍경 소리
먼 곳에서 바람 불어오니
들판의 종달새 소리가 난다
침묵의 요람에서 탄생한 것일까
기도하는 마음으로
집 베란다에 풍경을 달았다
바람이 없으니
울림도 없다
햇빛과 그늘을 불러와
바람의 풍경을 만들자
그윽하게 울려 퍼지는
풍경 소리

석촌호수

저녁 어스름
단풍나무숲이 에워싸고 있는
석촌호수

노을빛 포근히 내린
나무 아래 앉아서
저물녘 오는 이 기다린다

호수엔 잔물결
다가오는 달 나룻배 한 척
내 마음에 파문이 인다

호수 위의 피아노 선율
외로운 영혼 울게 하고
허공으로 울려 퍼진다

고요한 파문은
그리움을 풀어놓고
단풍나무 숲길을 서성거리다

풀벌레 소리 가득한

송파나루길 홀로 걸으며

내 마음 달빛에 젖는다

그날처럼

눈 내리는 봉은사

눈 덮인 수도산 자락
높은 빌딩 사이로
과거와 현재가 공존하는
도심 속 천년 고찰 봉은사

진여문을 지나
바람도 합장하고 지나가는
소나무 길 언덕 위로
대웅전 목탁 소리 길게 울리네

봄이 찾아오면
화려한 홍매화 피어나는 영각
추사 김정희 선생의
유작 편액이 걸려 있고

한반도를 뒤흔든
을축년 7월 대홍수 때
수많은 이재민들의 목숨을 구한
주지 청호스님

공덕비 세워 은혜 기리는
마음 따뜻한 감동 이야기

모든 것 다 내려놓은
겨울나무의 침묵처럼
말없이 눈이 내리는 봉은사

대관령 하늘목장

밤꽃 향기 날리는 6월
하늘과 맞닿은
대관령 하늘목장

하늘마루 전망대
트랙터 마차 타고 가는 길은
푸른 초원 능선을 따라
하얀 풍차가 어우러지는 풍경

수만 개의 파스텔
바람개비가 있는 언덕
나는 보랏빛 바람개비였다

사각사각 속삭이는 야생화들의 향기
자유롭고 평화로운 소 양 떼들의 무리
교감을 위한 먹이 주기 체험은
동화 속 이야기

소나무 숲의 고요함과 계곡물 소리
목가적인 풍경에 마음마저 평화로운
대관령 하늘목장

용산 철길 건널목에서

서울 한복판 스치며 지나는 길 위에
시간이 멈춘 곳이 있었습니다

흑백사진처럼 빛바랜 모습들이 살아나고
그 낯설지 않은 길목에서 어린 시절을 불러 봅니다

가로수 한 그루 없는 작은 골목길
철길 위로 지나가던 사람들, 자동차 모두 멈추었습니다

땡땡땡 종소리 울리며
기차가 철로 위를 힘차게 어디론가 달려가고 있었습니다

저 건너편 보이는 서울의 빌딩 건물들
기찻길 옆으로 오막살이 집들이 즐비하게 늘어서 있었습니다

과거와 현재가 공존하고 있는 도시
외롭고 삭막한 도시에 백일홍은 피어나고
담쟁이 넝쿨은 담장을 타고 기어오르고 있었습니다

이 순간 어둠과 빛이 녹아드는 현실을 바라보며
뜨거운 햇살과 함께 지하철 가는 길을 재촉했습니다

강릉 안목해변

청댓잎처럼 푸른 바다
흰 물결 피어오르고

높다란 파도가 바다를
삼켰다가 다시 뱉는다

짙은 커피 향 따라 찾아온
안목해변 카페 거리
향긋한 커피 내음 가득하고

수평선 저 멀리
하늘에 떠도는 갈매기 떼가 수를 놓는다

해변 길을 걸으며
모래사장 위에
야자수 나무들이 바람에 흔들린다

에메랄드빛 바다는
모든 것을 품어주는 우리들의 고향이다

"바다는 비에 젖지 않는다"*
슬픔이 없는 시간 속으로 밀물 되어 돌아온다

---

* 어니스트 헤밍웨이, 『노인과 바다』

에버랜드 하늘 매화 길

하늘 매화 길
고단한 일상 잠시 숲속에 내려놓고
붉게 물든 댑싸리 속삭임에
가던 길을 멈추었습니다

귀여운 아이들
찬 바람이 불면 초록에서 붉은빛으로
겹겹이 레이어드 되어
황홀하고 예뻤습니다

여기도 동글동글
저기도 동글동글
깊어가는 가을 길목
나무들이 몸 비우는 계절이 흐릅니다

따사로운 가을 길 걷노라면
길섶에 그윽하고 싱그러운 꽃향기
바람에 일렁이는 억새풀들의 속삭임
햇살이 내려와 눈부십니다

알펜시아 겨울 눈꽃

살을 에는 추위
하얀 설원 위 펼쳐진 눈꽃
쌓인 눈 위에 또 눈이 쌓인다

강원도는 겨울 왕국
적막에 싸인 스키장 개장 소식에
사람들은 겨울 속으로 달린다

차가운 바람에도
스키를 타는 사람들 거침없이
짜릿한 은빛 슬로프 질주를 즐긴다

호숫가 거닐 때
눈밭은 뽀드득, 뽀드득 비명을 지르고
바람 소리에 노랫소리도 맴돌다 사라진다

길 위에서 지나가는 시간을 본다
토끼처럼 달려온 계묘년의 시간
대관령 알펜시아 겨울 눈풀꽃

* 가장 이른 봄 땅속 구근에서 피어 올려오는 작고 흰 꽃

맨드라미 정원

맨드라미가 붉게
고풍스러운 카페 뜨락에 피었습니다

꽃의 향기가 바람결에 실려 오고
나는 사임당을 흔들어 깨웠습니다

신사임당의 '초충도' 한 폭의 그림 속에
등장하는 맨드라미와 쇠똥구리, 들풀 보셨나요

여름 햇살에도 꿋꿋하게 서서
붉게 타오르는 탐스러운 꽃

삶의 무게 잠시 내려놓고
맨드라미 꽃차를 마셔요

내 가슴 빈터에 자리 잡은 꽃밭
맨드라미 정원이 오늘따라 더 붉게 피어납니다

겨울과 봄

겨울비 멈춘 고즈넉한 오후
산책길 걷는다
나뭇가지마다 빗방울 맺힌다
비에 젖은 눈물 꽃

시냇물 고인 웅덩이
잉어 떼들 먹이 따라 움직인다
오리 한 마리 돌 위에 앉아 허공을 향하고
메마른 억새풀 바람결에 흔들린다

느티나무 아래
노을빛 노년 부부 그네를 탄다
한 폭의 수채화를 보는 듯

양지바른 언덕배기에는
노란 개나리가 망울지고
겨울인가, 봄인가
알 수 없는 계절에
어느새 내 마음 봄 길을 걷는다

얇디얇은 꽃잎은
바람 앞에
마음의 빗장을 열고 하늘거린다

달빛이 내리는 밤에도
나뭇가지 올라앉아
붉디붉은 마음 하얗게 수놓는다

- 「매화꽃」 중에서

4부

아버지의 나무 지게

아버지의 나무 지게

고향 집 낡은 지게 하나
뿌옇게 쌓인 먼지 속에서
아버지의 체취가 숨을 쉽니다
추운 겨울을 따뜻하게 지내기 위해
나뭇가지를 지게에 잔뜩 지고
좁은 비탈길을 오르내리며
땀방울 흘리시던
아버지를 보았습니다
버거운 등짐에 짓눌렸던
고단한 삶의 무게
한평생 습관처럼
낡은 지게 하나에 남기고 가신 슬픈 그림자
바람 소리에 들려오는 무언의 크신 사랑
가슴속에 메아리쳐 울려옵니다

레테의 강을 건너가신 아버지

구룡산 숲속에
예상치 못한 슬픔
아버지 쓰러져 발견되었다고
혈육들이 새벽을 깨운다
아버지의 죽음은 크나큰 충격을 주었다
자식들 마음 한가운데 든든하게 서 있던
고목이 된 소나무 한 그루 뿌리째 뽑혔다
숲에서 사고로 다치신 것일까
욕망에 눈이 먼 사람들 탓은 아니었을까
검은 휘장이 나부낀다
덧없는 세월에 마음을 빼앗기고
바람 따라 구름 따라 살다가
외롭게 떠난 울 아버지
하얀 수의를 입히고
두 눈을 감겨 드렸다
나는 쓰려져 하염없이 눈물만 흘리고
평생 가슴에 돌덩어리가 얹혀 있다
나뭇가지에 그늘이 흘러내리고
진실은 어둠 속에 묻혀 있다

아버지의 낡은 구두

고향 집, 신발장 속에 낡은 구두 한 켤레
밑창 무늬가 닳아 빗물이 스며든
아버지의 낡은 구두

고즈넉한 오후 들녘을 나는 참새가
벌레 물어다 새끼들 입에 물려주듯이
신발 신고 흙먼지 바람에 얼룩진
삶의 고단한 흔적

한평생 자식 허기진 배 채워주던
사랑의 경계선은 어디까지일까
어둠과 빛이 녹아들었다

이 아침
겨울 들판의 황량함이 일렁이는
알 수 없는 외로움

70대 생의 고단함을 내려놓지 못하고
벌처럼 날아다니던

고독한 뫼비우스의 띠 흔적

아버지의 낡은 구두

달팽이의 꿈

가을비 내리는 날
숲에서 기어 나온
달팽이

무거운 짐을 어깨에 메고
유리창을 타고 올라옵니다

머뭇머뭇
하얀 구름 바라보며
오래 침묵하던 달팽이

하루의 고단함을 잊고
스치는 바람 소리에
잠이 들었습니다

희미한 기억 어딘가
파도 소리 들리고
넓은 바다를 향해 나아가는
꿈을 꾸고 있었습니다

봉선화꽃 추억

세상 한 모퉁이
봉선화 꽃씨를 뿌렸네
초록 잎새들 사이
분홍빛으로 피어난 꽃

실바람 불어와 내 마음에 닿으면
후드득 떨어질 것 같았던 꽃잎
손톱에 붉게 물들이던 날

첫눈 올 때 기다리던
연분홍빛 그리움까지
잔물결 일으키며
아련한 기억을 떠올리네

지난날 엄마가 해주던 것처럼
딸에게 봉선화 꽃물 들이기
추억을 선물하고파

매화꽃

눈보라 몰아치는 날
하얀 비단옷 입고
햇살로 다가온다

매화는 잎사귀보다
꽃이 먼저 피어나고
꽃향기 바람에 흩날린다

얇디얇은 꽃잎은
바람 앞에
마음의 빗장을 열고 하늘거린다

달빛이 내리는 밤에도
나뭇가지 올라앉아
붉디붉은 마음 하얗게 수놓는다

포시즌가든에 닿기까지

장미꽃잎들이 언덕을 오르고 있다
아침 햇살 눈부신 포시즌 가든에 닿기까지,
색색의 향연 펼친다

하늘은 몇 날의 어둠을 깨워
장미의 이름으로 궁전을 준비했을까

피는 꽃마다
고여 들던 플로럴 향기는
슬픔의 필터를 걷어 낸다

꽃이여
꽃잎들의 숨결 소리
아기의 웃음소리 들린다

장미꽃잎들이 언덕을 오르고 있다
아침 햇살 눈 부신 포시즌가든에 닿기까지

신유빈 탁구 신동

나는 몰랐다
승자도 패자도
한 송이 꽃이라는 것을

나는 몰랐다
게임이란
피 말리는 싸움이라는 것을

가는 공과 오는 공
어쩌다 함께 한 그 순간 이후
목젖까지 차오르는 숨 잠시 고르며

승리하기 위해서 필요한 것은
펄럭이는 날개가 아니라
전광판에 스쳐 가는 숫자라는 것을

나는 몰랐다
승자의 눈물
패자의 눈물

때론, 어둠에 묻혀 슬픔과 외로움이라는
벽에 부딪치기도 하지만
그녀의 눈물방울이 빛이 되어 일어섰다

우산

햇살이 내어주는 오솔길을
따라 걷다가

하늘에 길게 드리워진
어두운 구름 사이로

주룩주룩
비가 내린다

빗줄기 이어 매고
파도 타듯

출렁이는 시간들

폭염, 그리고 비가 오는 날이면
그대의 우산이 되고 싶다

초승달

서쪽 밤하늘에 밝혀둔
카페의 등불
기다림이 되는 시간
소나무 사이로
초승달 걸렸다
올려다보아야 다가오는 빛
내 그림자는
젊은 시절에 머물러 있는지
돌아오지 않는다
초승달에 의지하던 밤길은
기억에서 멀어져 가고
길고 긴 세월
비우고, 다시 채우고
오늘 또다시
달빛으로 환해진다

속리산

천년의 숲에 왔다
굽이굽이 이어진
말티재를 오른다
법주사는 적막 속에 쌓이고
금동미륵대불상
꽃처럼 소중한 문화유산
목조탑 팔상전 앞에
오래 서 있었다
순한 바람이 불어와
마른 침묵이 춤을 추기 시작한다
무엇이 역사와 문화를 꿈꾸게 하는 것일까
사색의 향기 속에
하늘다람쥐가 반겨주는 세조길
단풍잎 타오르는
호수를 바라보며
속리산 세조길을 걷는다
한 줄기 햇살 눈에 부시다

안부를 묻는다

하얀 눈이 내리는 날
들녘에서 하늘을 날고 싶어
연을 높이 높이 올린다
들꽃 같은 인생
욕망의 덫에 걸려 젖어오는 슬픔
육각 나무 얼레에
명주실이 끊어진 지 오래다
혈육으로 이은 연이
바람 부는 대로 흩어졌다
내 마음 펄럭일 때
하늘의 별이 되어 떠나가신 부모님
나무 얼레 돌리며 작은 목소리로
하늘의 안부를 묻는다
하얀 그리움이다

세상을 흔드는 코로나19

강풍이 육지를 강타
방파제 쌓아 올린다
개나리, 수선화, 목련꽃들이
도란도란 속삭일 시간
인류는 거대한 암흑 속에 갇혀 있다
티끌 하나 보이지 않는 현실은 두려움
악마의 속삭임에 꼼짝없는 감옥이다
어둠의 터널을 지나 희망의 별은 언제쯤 반짝일까
고요한 침묵 속에서 하루의 위로는 쇼팽의 녹턴 1
영혼을 씻어 내리는 간절한 멜로디
거룩한 소망으로 벽을 넘는다

그 누구도 모른다

어스름 속 동트기 전
아무도 없는 외로운 병실에 그녀가 홀로 누워 있다
시련의 바람은 어디서 불어오는지
야윈 그녀 눈에 눈물이 흐르고

사방은 흰 벽과 벽이 막혀
심장내과에서 들려오는 숨비소리
하얀 가운 입고 뛰어가는 발자국 소리
차가운 벽에 기대어 가슴 조이고

온 세상 무거운 공기는 이곳에 머물고
탄생과 죽음이 함께 하는 공간
누구나 인생의 갈림길에서
어느 순간 벼락같이 질병은 발견되는지
그 누구도 모른다

시인이 되고 싶은 갈증으로
가슴 깊이 무지갯빛 꿈꾸던
반세기, 시와 동행을 하며
무수히 많은 시어들과 여행을 하고
고독한 향기 실어
피어난 동백

-「눈 위에 핀 동백」 중에서

5부

수선화 차임벨처럼 울리다

수선화 차임벨처럼 울리다

하늘 정원 언덕길을
구름처럼 헤매다가
황금빛 수선화들이 꽃대를 물고 있는
신비의 숲길

은하수를 타고 내려온
천사들 무리 지어
수선화 꽃대 위에서
환한 미소로 피어난다

꽃은 그림자도 밝아서
그늘인 나를 비추고
고독의 끝에서
희망의 언어를 엮는다

청초한 꽃향기는
바람이 불어와 물결이 일렁이고
잎새들 피고 질 때 산새들 노래하는 숲

하늘 정원 언덕 위에서
노랗게 피어나는 사유의 벌판
한 줄기 오후의 햇살이
차임벨*처럼 수선화 꽃잎 위에 내리고

---

* 시각을 알리거나 호출용으로 쓰는 종.

가을

주워 든 단풍잎 하나
수많은 낙엽이 쌓여 발아래 밟힌다

부스러진 낙엽을 밟으며
계절을 건너가는 쓸쓸한 고독

가을이 저무는 자리
깊숙이 스며드는 외로움이여

궂은비 내리는 텅 빈 가을
단풍잎 하나 창문에 매달리면
그리움이 온 가슴을 메운다

벼랑 끝에서 꽃이 피다

온통 머릿속이 하얗다. 캄캄하다
실타래가 꼬이고 꼬여 풀지 못한다
가위로 자를까?
매듭을 풀려고 지혜를 찾아 헤맨다
도무지 잡히는 것이 없다
죄 없는 종이만 구겨져 나간다
종이가 무슨 죄야
머리를 짜내 다시 적어본다
싸움이 끝난 걸까
전쟁이 끝난 걸까
한 자 한 자 종이 위에 글씨가 채워진다
그래도 위태롭다
순간 열어놓은 창문으로 새 한 마리 날아와
입에 문 카드 한 장 떨어뜨리고 간다
예쁜 카드다
그녀는 금세 원고지의 빈칸을 채운다
벼랑 끝 실타래가 풀렸다

자화상

달빛이 창가에 내려앉고
어머니의 끈 잡고 세상 밖으로 나왔을 때는
능소화가 피는 여름이었습니다

잘못 탄 기차인가
목적지까지 데려다준다지만
삶이라는 우주를 건너는 여자는
자유롭게 하늘을 훨훨 날아다니는
어느 영화처럼 삶을 살고 싶었습니다

기나긴 세월 동안 여자는
채울 수 없는 고통을 끌어안고
마주 서는 현실의 아픔 속에서 살고 있지만
뒤돌아보니 어느새 평화가 찾아오고
시어를 찾아 소박한 일상을 살아갑니다

행복의 계단으로 한 걸음씩
꿈의 나침판을 향해 달려가며
구름을 헤쳐나는 달빛

오늘도 하얀 백지 위에 밑그림을 그리고

사과처럼 달콤하게 익어가는

파란 하늘 아래 추억처럼 살고 있습니다

어두운 방 안에도 봄은 오는가

도시의 끝에
어둠을 몰고 온 방 안
불빛이 희미하다

예기치 않은 시간
불쑥 찾아온 코로나바이러스
세상이 얼어붙었다

숨이 멎을 것 같은 고통
이 또한 내가
고통 속에서도 인내해야 할 시련일까

유리창 너머
나무와 나무 사이를
지나는 바람 소리 새들의 지저귐
모두 그대로인데

겨울은 나의 아픈 생채기를 밟고 건너고
버들강아지 솜털 옷 입고 피어나는데
어두운 방 안에도 봄은 오는가

안개는 그리움을 안고

어슴푸레한 새벽빛이
어둠을 밀어내며
대지산 허리를 감싸고
안개가 피어오른다

밀려오는 파도처럼 어느새
눈물비가 점령하고
파란 잎새가 하나씩 베일을 벗으며
들꽃들이 일어선다

산은 고요 속에 묻히고
바람은 고뇌하며 부는가
골짜기를 타고 내려오는 물줄기
새들의 노랫소리 떠내려간다

7월의 울창한 숲속 안개가 걷히는 자리
봉우리 위로 큰 소나무 한 그루 고개를 든다

동백꽃은 피었는데

동백꽃이 피어나던 어느 날
코로나에 갇혀
사랑하는 혈육을 잃었다

여수 오동도 소노캄
가파른 계단길
모두 그대로인데

바다 내음 가득한
바닷가에 그대 발자국 소리

지울 수 없는 얼굴
하얗게 부서지는 파도 소리는
내 영혼을 울리고

그대는 하늘의 별이 되어
나를 지우고
내 기억 속에서 사라졌다

저녁노을이 머물다

떠난 자리

겨울 바다의 쓸쓸함이여

바다 가운데

잿빛 하늘에 하얀 동백꽃이 피었다

불청객

깊어가는 가을
은빛 억새꽃이 바람에 출렁이는
10월의 어느 날 밤

잠든 사이
모깃소리 윙윙 귓가에 들려와
소리의 정체를 찾아
등불 밝히고 숨바꼭질한다
어디로 사라졌을까

해우소까지 따라와
축축한 곳에 숨는다
예민함이 분노로 바뀌고

얼결에
손바닥으로 벽을 쳤다
벽에 앉은 모기가 축 늘어진다

붉은 피 토해내는
너의 이름은 불청객

도라지꽃을 닮은 소녀

엷게 받쳐 입은
보랏빛 모시 적삼
그녀 뜨락에 여름이 드리웠다

바람 가득 풍선처럼 부푼
꽃봉오리는 너의 희망과 젊음

청초하고 단아한
보랏빛깔은 너의 향기요
너의 웃음소리는 사랑의 멜로디

오늘도 너와 나
아름다운 인연으로 꽃피는 순간
푸른 바다 물결도 출렁이리

하늘에서 내려온 별꽃처럼
수줍은 몸짓으로
나에게 말을 건네는 도라지꽃

매혹적인 남천 나무

봄 여름 가을 겨울
오색 빛깔로 나에게 다가온다

파랗게 너울거리는 이파리들
화려한 색채의 향연 펼친다

봄철엔 초록 옷으로 갈아입고
여름엔 흰 순결한 꽃으로 피어난다

불타는 가을 그리움으로 물들고
겨울엔 붉은 구슬 대롱대롱 매달린다.

겨울바람 부는 언덕
남천 나무숲으로 가볼까나

눈 위에 핀 동백

순백으로 덮인 세상
침묵하던 겨울 나뭇가지마다 눈꽃이 피었다
꿈 많던 소녀 시절
설렘으로 다가온 시의 집
등불 켜고 겨울밤 지새우며
시집을 읽는다
삶은 시요, 시는 삶
시인이 되고 싶은 갈증으로
가슴 깊이 무지갯빛 꿈꾸던
반세기, 시와 동행을 하며
무수히 많은 시어들과 여행을 하고
고독한 향기 실어
피어난 동백
창공을 비상하며
깊고 푸른 바다 건너
새하얀 꿈속에 안긴다

있을 수 없는 일

달빛 동인지에 시인은 다섯
자세히 보니 가장 예쁜 아이 이름
일곱 숫자가 사라졌다

그 순간

하늘에서 수많은 언어의 별들과
검은 물체 하나가 떨어진다

시인의 머리 반쪽에
붉은 피가 고였다
있을 수 없는 일이다

동백꽃이 운다
겨울바람도
울다가 웃다가 또 운다

하얀 여백 위에

상처를 동여매고
슬픔을 더듬으며 서 있는 그대

시인은 무릎 위에 용서를 앉혔다
모든 것이 눈송이처럼 녹아내리는 그 순간
성당의 종소리가 운다

담쟁이 넝쿨

고목이 된 소나무를 타고
하늘로 올라가던 담쟁이넝쿨
어느새 초록으로 물들어
소리 없이 벽을 오른다

벽을 향해 불화살이 날아들고
태풍 카눈, 모진 비바람
한반도 관통하는데

악착같이 삶을 붙드는 담쟁이
실타래처럼 엉킨 줄기들
인내를 앞세워 뻗어 나간다

생사를 건 싸움일까
꿈을 향한 도전일까

진군하는 군인들처럼
벽을 오른다

못 넘을 담이 없다

어떤 담이라도 뛰어넘는

너는 담쟁이넝쿨

능소화

어느 지구의 한 모퉁이에서

담장을 타고 올라 피어난 능소화

억겁의 인연을 기다리다가 멍이 들었다

어두운 곳에서도 환하게 피었다가

어느새 지고 마는 주홍빛 사랑

샛바람에 떨어지는 능소화

수선화

차임벨처럼 울리다

나만의 세상을 열어놓고 나만의 세계를 꿈꾸는 일이 비록 외로운 걸음일 순 있으나 한 편의 작품이 완성되어 기쁨을 느낄 수 있을 때의 희열은 무엇에도 견줄 수 없는 행복을 자아내게 한다. 첫 시집을 출간하는 김연옥 시인의 작품은 그리움과 기다림의 미학으로 점철된 시편들로 따뜻한 감성을 자아내고 있다.

-「작품해설」중에서

작품해설

그리움과 기다림의 美學

| 작 품 해 설 |

그리움과 기다림의 美學

지연희 (시인, 前한국여성문학인회 이사장)

시는 시인이 짓는 정신의 집이다. 훌륭한 자재를 모아서 설계한 설계도면에 대한 그림을 완성하는 일이다. 오직 그 누구도 개념할 수 없는 나만의 공력으로 갈고 닦을 뿐 그 누구에게도 기댈 수 없는 외로운 작업을 수행하는 것이다. 개미는 수백 마리가 함께 줄을 지어 협동을 이루며 집을 짓지만 시인은 어두운 등잔불 아래에서 시를 쓰던 시절도 있었다. 나만의 세상을 열어놓고 나만의 세계를 꿈꾸는 일이 비록 외로운 걸음일 순 있으나 한 편의 작품이 완성되어 기쁨을 느낄 수 있을 때의 희열은 무엇에도 견줄 수 없는 행복을 자아내게 한다. 첫 시집을 출간하는 김연옥 시인의 작품은 그리움과 기다림의 미학으로 점철된 시편들로 따뜻한 감성을 자아내고 있다.

산새 울음소리
밤 뜨락에 하얀 꽃등 하나 불 밝힙니다
꽃봉오리 속 숨겨둔 그 마음
하얀 미소로 나를 부르셨나요
적막한 밤하늘
달빛 아래 피어나는 천사의 나팔꽃
기나긴 여름 피고 지는 꽃을 향한 내 그리움이
그대 남기고 간 발자국마다 그림자로 따라와
어둠 속에서도
하얀 꽃등 불 밝힙니다
　　　　　　　　－시「나팔꽃」전문

초가지붕 처마를 타고
내려온 고드름 길게 늘여
반짝이는 커튼이 된다

굴뚝 위에 연기 오를 때
뾰족한 고드름 따서 먹던
어린 날의 빛바랜 기억

거꾸로 매달려
제 몸 녹이며
눈물을 흘리기도 하지만

| 작품해설 |

지금은 찾아보기 힘든 정경
고드름 맺힌
처마 끝 바라보며
추억에 젖는다

― 시 「겨울, 고드름」 전문

 시 「나팔꽃」은 어두운 밤 뜨락에 하얀 꽃등으로 불 밝히는 나팔꽃의 미소로 눈 뜨게 된다. '적막한 밤하늘/ 달빛 아래 피어나는/ 천사의 나팔꽃/ 기나긴 여름 피고 지는 그리움이/ 그대 남기고 간 발자국마다 그림자로 따라와/ 어둠 속에서도/ 하얀 꽃등 불 밝힙니다' 노래하는 간절한 그리움의 불꽃이다. 보편적인 나팔꽃의 속성은 '아침에 피었다가 저녁에 지고 만'다는 인식으로 익숙하지만 시 「나팔꽃」은 밤하늘 달빛 아래 피어나는 특성을 지니고 있다. 한낮 뜨거운 여름에 피어난 나팔꽃의 발자국마다 그림자로 따라온 어둠 속의 꽃등이 그대의 미소로 등불을 밝히는 그리움이다. '초가지붕 처마를 타고/ 내려온 고드름 길게 늘여/ 반짝이는 커튼이 된다'는 시 「겨울, 고드름」을 읽는다. 먼 기억의 촛대 하나를 밝히듯이 초가지붕 처마 끝에 줄줄이 매어달린 하얀 얼음과자를 뽀드득뽀드득 깨물어 먹던 동심이 살아난다. '거꾸로 매달려/ 제 몸 녹이며/ 눈물을 흘리기도 하지만// 지금은 찾아보기 힘든 정경/ 고드름 맺힌/ 처마 끝 바라보며/ 추억에 젖는다' 뚝 떨어지는 고드름을 손으로 받아, 놀이인 듯 간식인 듯 겨울이면 기다려지던 날들이다. 지금은 기억의 그늘 속에서 시절을 반추하는 그리움만 남아있다.

>
> 당신의 날개 그늘 아래서
> 잠이 들었습니다
> 날개옷 입고 하늘을 날아서
> 당신께 향합니다
>
> 속삭이는 미풍과
> 들녘에 핀 풀꽃 속에서
>
> 언제나
> 다정하게 들려오는 목소리
> 당신 곁에 머물면
> 기도의 소리가 향기로 피어납니다
>
> ─시「당신의 그늘」전문

| 작 품 해 설 |

겨울 바다에서
목청껏
어머니를 부른다

오래오래 메아리치도록

분홍 찔레꽃 빛깔로
내 마음을 물들이며
세월이 겹칠수록
그때, 추억의 향기는
남았는데

파도야 들었느냐
가슴 저미는 목소리
슬픈
내 마음을

그대는 듣느냐
망각의 강이 갈라놓은 운명
겨울 바다, 끝없는 적막 속에서
울려 퍼지는 차가운 외침
   － 시 「겨울 바다에서」 전문

시 「당신의 그늘」은 당신이라는 절대한의 존재에 대한 믿음이며 존경이다. 당신의 날개 그늘에서 잠이 들고 날개옷 입고 하늘을 향해 날기도 한다. '속삭이는 미풍과/ 들녘에 핀 풀꽃 속에서' 당신의 목소리를 듣는 기쁨을 알게 되는 특별한 은총의 날이라고 생각된다. 가톨릭 신자인 김연옥 시인의 남다른 신앙심을 느낄 때가 있다. 믿음은 거룩한 마음으로 나를 낮추어 성령에 닿게 하는 기도의 현신이다. '언제나/ 다정하게 들려오는 목소리/ 당신 곁에 머물면/ 기도의 소리가 향기로 피어'나는 오늘은 축복이 가득히 머무는 날인 듯싶다. 바다는 광활한 깊이의 무한한 역사를 지니고 있다. 마음이 허전하거나 슬픔과 아픔으로 견디기 힘겨울 때 바다는 손짓을 한다. 시인은 '겨울 바다에서/ 목청껏/ 어머니를 부른다// 오래오래 메아리치도록' 부르고 있다. 이별의 아픔으로 가득한 깊은 절규이다. '파도야 들었느냐/ 가슴 저미는 목소리/ 슬픈/ 내 마음을// 그대는 듣느냐/ 망각의 강이 갈라놓은 운명/ 겨울 바다, 끝없는 적막 속에서/ 울려 퍼지는 차가운 외침' 자식에게 부모는 무한의 그리움이다. 더구나 어머니를 향한 애틋한 그리움은 뼈를 깎는 아픔이다. 시인의 슬픔이 묻은 차가운 외침이 아련하다.

| 작 품 해 설 |

감나무 가지에 묵상의 그늘이 흘러내린다
까치는 가지에 달린 홍시를 분주하게 쪼아먹고
자유롭게 날아서 어디론가 가버린다
붉디붉은 연시를 항아리 속에 넣고
추운 겨울이면 하나씩 다디단 홍시를 꺼내 먹는다
지난날 할머니가 항아리를 열어 꺼내주시던
고향의 향기가 피어나 추억의 들판을 들락거린다
조용히 흘러가는 강물이 텅 빈 내 가슴에 들어와
메마른 마음을 적시며 할머니 숨결을 전하고 있다
어느 유행가 가사처럼 생각나는 홍시
울 할머니 생각이 난다
올가을에도 그 감나무에는 주렁주렁
붉은 감이 다투어 열리겠지

― 시 「할머니와 홍시」 전문

고즈넉한 산사
처마 끝
땡그랑땡그랑
퍼져 나는 풍경 소리
먼 곳에서 바람 불어오니
들판의 종달새 소리가 난다
침묵의 요람에서 탄생한 것일까
기도하는 마음으로

집 베란다에 풍경을 달았다
바람이 없으니
울림도 없다
햇빛과 그늘을 불러와
바람의 풍경을 만들자
그윽하게 울려 퍼지는
풍경 소리

― 시 「풍경 소리」 전문

 가을이면 한 해 동안 수확한 작물을 농부는 땀을 흘리며 거두어들인다. 결실의 기쁨이다. 한겨울을 지탱해야 할 양식을 준비하기 위해 곡식이며 과실을 저장하는 것이다. 시 「할머니와 홍시」의 작품도 가을의 풍요와 수확의 기쁨을 나누고 있다. 항아리 속에 차곡차곡 쌓아 두었던 홍시를 꺼내 먹던 할머니와 '나'의 추억을 정감 있게 담아내고 있다. 추운 겨울 고향의 향기를 소환하며 할머니를 그리워하는 것이다. '지난날 할머니가 항아리를 열어 꺼내주시던/ 고향의 향기가 피어나 추억의 들판을 들락거린다/ 조용히 흘러가는 강물이 텅 빈 내 가슴에 들어와/ 메마른 마음을 적시며 할머니 숨결을 전하고 있다.' 시 「풍경 소리」는 고즈넉한 산사에서 울려 퍼지는 종소리의 울림을 듣게 된다. '처마

| 작 품 해 설 |

끝/ 땡그랑땡그랑/ 퍼져 나는 풍경 소리' 적막을 깨우며 들려오는 울림은 먼 곳 들판의 종달새 소리로 전환되고 있다. 침묵의 요람에서 탄생한 바람의 몸짓이다. 급기야 시인은 집 베란다에 풍경을 달고 산사의 음률을 감상하려 한다. 바람이 없으니 울림도 없는 베란다에 햇빛과 그늘을 불러와 바람의 소리를 베란다에 앉히게 된다. 비로소 그윽하게 울려 퍼지는 풍경 소리가 집 안 가득 흐르고 있다. 시인의 깊은 상상의 매듭이 조용한 울림으로 흐른다.

   겨울비 멈춘 고즈넉한 오후
   산책길 걷는다
   나뭇가지마다 빗방울 맺힌다
   비에 젖은 눈물 꽃

   시냇물 고인 웅덩이
   잉어 떼들 먹이 따라 움직인다
   오리 한 마리 돌 위에 앉아 허공을 향하고
   메마른 억새풀 바람결에 흔들린다

   느티나무 아래
   노을빛 노년 부부 그네를 탄다
   한 폭의 수채화를 보는 듯

양지바른 언덕배기에는
노란 개나리가 망울 짓고
겨울인가, 봄인가
알 수 없는 계절에
어느새 내 마음 봄 길을 걷는다
- 시 「겨울과 봄」 전문

고향 집 낡은 지게 하나
뿌옇게 쌓인 먼지 속에서
아버지의 체취가 숨을 쉽니다
추운 겨울을 따뜻하게 지내기 위해
나뭇가지를 지게에 잔뜩 지고
좁은 비탈길을 오르내리며
땀방울 흘리시던
아버지를 보았습니다
버거운 등짐에 짓눌렸던
고단한 삶의 무게
한평생 습관처럼
낡은 지게 하나에 남기고 가신 슬픈 그림자
바람 소리에 들려오는 무언의 크신 사랑
가슴 속에 메아리쳐 울려옵니다
- 시 「아버지 나무 지게」 전문

| 작품해설 |

  겨울과 봄 사이에 서성이는 계절의 변화를 맞이하고 있는 시 「겨울과 봄」 속 시간은 이렇게도 저렇게도 분별하기 어려운 시점의 공간이다. 첫 연에서 제시하고 있는 '겨울비 멈춘 고즈넉한 오후/ 산책길 걷는다/ 나뭇가지마다 빗방울 맺힌다/ 비에 젖은 눈물 꽃'으로 고즈넉한 오후 산책길을 조망하며 겨울비 멈춘 산책길 나뭇가지마다 빗방울이 맺히어 눈물 꽃이 되는 늦겨울의 정취를 묘사하고 있다. 또한 '시냇물 고인 웅덩이/ 잉어 떼들 먹이 따라 움직인다/ 오리 한 마리 돌 위에 앉아 허공을 향하고/ 메마른 억새풀 바람결에 흔들린다'는 두 번째 연의 텍스트로부터는 봄날의 시작을 열어내는 구조이다. 느티나무 아래 노을 빛을 받으며 부부가 그네를 타는 모습이 한 폭의 수채화를 바라보는 봄날의 예감이다. '양지바른 언덕배기에는/ 노란 개나리가 망울 짓고/ 겨울인가, 봄인가/ 알 수 없는 계절에/ 어느새 내 마음 봄 길을 걷는'다는 것이다. 시 「겨울과 봄」은 완연한 봄날의 감성으로 귀결된다. 시 「아버지의 나무 지게」를 들여다보면 농부의 가난이 슬픔처럼 자리하던 시절 가장의 초상이 그려놓은 깊은 삶의 역사이다. 어느 아버지이든 땀 흘리며 비탈길 오르내리는 버거운 등짐에 짓눌렸던 고단한 삶의 무게를 짓지 않은 분은 없었을 시절이다. 시 「아버지의 나무지게」는 '고향 집 낡은 지게 하나/ 뿌옇게 쌓인

먼지 속에서/ 아버지의 체취가 숨을 쉽니'다 하며 아버지의 숨소리를 받아내는 딸과 아버지의 재회를 느끼게 된다. '한 평생 습관처럼/ 낡은 지게 하나에 남기고 가신 슬픈 그림자/ 바람 소리에 들려오는 무언의 크신 사랑/ 가슴 속에 메아리쳐 울려' 온다는 그리움이 깊다.

    주어든 단풍잎 하나
    수많은 낙엽이 쌓여 발아래 밟힌다

    부스러진 낙엽을 밟으며
    계절을 건너가는 쓸쓸한 고독

    가을이 저무는 자리
    깊숙이 스며드는 외로움이여

    궂은비 내리는 텅 빈 가을
    단풍잎 하나 창문에 매달리면
    그리움이 온 가슴을 메운다
        - 시「가을」전문

    어느 지구의 한 모퉁이에서
    담장을 타고 올라 피어난 능소화
    억겁의 인연을 기다리다가 멍이 들었다

| 작 품 해 설 |

어두운 곳에서도 환하게 피었다가
어느새 지고 마는 주홍빛 사랑
샛바람에 떨어지는 능소화
　　　　　　　－시 「능소화」 전문

　시 「가을」이다. 공연한 슬픔이 공연한 그리움이 울컥거리는 계절, 가을은 그리움의 계절이다. '부스러진 낙엽을 밟으며/ 계절을 건너가는 쓸쓸한 고독'으로 알 수 없는 슬픔으로 온 가슴에 비를 내리는 외로움의 성지일 것이다. 붉게 물든 단풍잎 떨어져 내리는 조락의 아픔은 나무가 견디어야 할 자연의 순리임을 지울 수 없는 일이다. 시인은 '가을이 저무는 자리/ 깊숙이 스며드는 외로움이여// 궂은비 내리는 텅 빈 가을/ 단풍잎 하나 창문에 매달리면/ 그리움이 온 가슴을 메운'다는 아픔을 안고 있다. 시 「능소화」를 감상한다. '어느 지구의 한 모퉁이에서/ 담장을 타고 올라 피어난 능소화/ 억겁의 인연을 기다리다가 멍이 들었다'던 능소화는 여성을 상징하며 명예와 이름을 날린다는 꽃말과 그리움의 상징으로 회자되고 있다. 능소화의 원산지는 중국이라고 한다. 중국 소화라는 궁녀가 임금의 눈에 띄게 되어 임금과 인연을 맺게 되었다고 한다. 임금은 우아하고 예쁜 소아를 불러 하룻밤 인연을 맺고는 빈이라는 칭호를 부여

하고, 궁궐 내의 사람들이 감히 쳐다보지도 못하게 하였다는 것이다. 그러나 이후 임금은 무슨 일인지 소화를 찾아오지 않았다는 것이다. 임금을 기다리고 기다리던 소화는 마침내 너무나 쓸쓸하고 외로워 상사병으로 세상을 떠났다고 한다. 담 너머 임금을 기다리던 소화의 그리움이 능소화의 전설을 잇고 있다.

수선화   차임벨처럼

울리다 _____

RAINBOW | 117

수선화 차임벨처럼 울리다

김연옥 시집